HISTOIRE & ACTUALITÉ

OLIVER CROMWELL

Le lord-protecteur du Commonwealth

Par Jonathan Bloch
Sous la direction de Mathieu Beaud

50MINUTES.fr

OLIVER CROMWELL

INTRODUCTION

Oliver Cromwell est certainement l'une des personnalités historiques les plus énigmatiques de l'histoire d'Angleterre. Tantôt détesté, tantôt admiré par les différentes générations d'historiens et sans cesse réinventé selon les besoins du contexte, Cromwell est un personnage d'une grande ambiguïté. Il est en effet particulièrement ardu de distinguer le héros précurseur du tyran sanguinaire.

Puritain austère à la discipline de fer, Cromwell émerge des rangs de l'armée révolutionnaire et parvient à se hisser aux plus hauts niveaux de pouvoir grâce à son pragmatisme politique inégalé. Maître en communication, il attribue chacune de ses victoires militaires à Dieu, même les plus insignifiantes, et se présente comme élu par ce dernier. À la fois figure mystique et machiavel de génie, Cromwell devient, en 1653, le souverain absolu des îles britanniques. Malgré le pouvoir qu'il détient, il refuse la couronne d'Angleterre qui lui est offerte en 1657.

Sa politique se définit par un idéalisme forcené, néanmoins modéré – dans la pratique – par une prudence experte. S'il se désigne comme le champion du protestantisme et espère redresser les mœurs et fédérer toutes les nations protestantes, c'est pourtant avec les puissances catholiques (la France et l'Espagne), qu'il parvient à conclure des arrangements diplomatiques.

Personnalité inépuisable tant elle est complexe, Cromwell ne cessera pas de sitôt d'exacerber les passions.

DONNÉES CLÉS

- **Naissance ?** Le 25 avril 1599 à Huntingdon (Angleterre).
- **Mort ?** Le 3 septembre 1658 à Londres.
- **Fonction ?** Général et parlementaire anglais, il devient lord-protecteur des îles britanniques de 1653 à sa mort.
- **Apport majeur ?** L'instauration d'une junte militaire dont l'œuvre de conquête pose les fondations de l'Empire britannique.

LA VIE D'OLIVER CROMWELL

Portrait d'Oliver Cromwell.

ENTRE INFORTUNES ET FORTUNE

Oliver Cromwell naît le 25 avril 1599 à Huntingdon, en Angleterre. S'il est issu de la *gentry*, il n'hérite toutefois de presque rien du riche patrimoine familial, celui-ci ayant été dilapidé en grande partie par l'un de ses grands-pères.

LA GENTRY

En Angleterre, il ne faut pas confondre *nobleman*, *gentleman* et bourgeois. Si, jusqu'au XVe siècle, on ne parle guère des gentlemen, ceux-ci apparaissent progressivement suite à l'ascension sociale de plusieurs familles bourgeoises, soucieuses d'acheter leur place au sein de la noblesse et de s'attribuer les mérites d'un arbre généalogique parfois fictif. La *gentry* désigne ainsi l'ordre des *gentlemen*, soit des nobles dont la principale activité n'est pas la guerre, mais l'enrichissement sur base d'un capital foncier, acquis par achat, par mariage ou par quelque autre arrangement. En France, ce mixage entre nobles et bourgeois demeure impossible durant l'Ancien Régime (1515-1789), toute activité commerciale, industrielle et entrepreneuriale étant strictement interdite à la noblesse.

Contraint d'abandonner ses études à Cambridge pour s'occuper de sa mère et de ses sept sœurs célibataires, Cromwell retourne dans sa région natale, où il épouse Elizabeth Bourchier (1598-1665), la fille d'un marchand londonien avec laquelle il aura neuf enfants.

Au cours des années 1620, il tombe malade et souffre d'une importante dépression, dont il ressort plus puritain que jamais, convaincu d'être accompagné par Dieu dans chacune des étapes de sa vie, autant dans ses malheurs que dans ses triomphes.

Appauvri, Cromwell vend presque l'intégralité de ses propriétés en 1631 et se résout à labourer lui-même la terre en tant qu'agriculteur. Cinq ans plus tard, il hérite du patrimoine substantiel de son oncle, à Ely, où il emménage. Désormais à l'abri du besoin et riche d'un important réseau familial, il est élu au Court Parlement de 1640, puis au Long Parlement, convoqué quelques mois plus tard.

Le saviez-vous ?

Le 13 avril 1640, Charles Ier (roi d'Angleterre, d'Écosse et d'Irlande, 1600-1649) convoque le Parlement afin de lever des fonds. Celui-ci ayant refusé les demandes du monarque anglais, il est dissous à peine quelques mois plus tard. On l'appellera par la suite Court Parlement, par opposition au Long Parlement, convoqué un peu plus tard dans l'année, mais dont la session s'étirera sur deux décennies.

LORD-PROTECTEUR DU COMMONWEALTH

En 1640, alors que Cromwell est déjà âgé de 41 ans, rien ne paraît encore le prédestiner à son destin de souverain. Les événements se précipitent quand éclate la guerre entre le Parlement et le roi, en 1641. Cette année-là, il parvient à se distinguer dans les rangs de l'armée parlementaire par sa discipline inflexible. Capitaine de cavalerie, il impose à sa troupe un règlement draconien, inspiré de sa morale puritaine : jurons et jeux de hasard sont strictement prohibés, et les hommes ne sont reconnus que pour leurs mérites personnels, indépendamment de leurs affinités religieuses.

Face à des adversaires plus désorganisés et laxistes que lui, Cromwell vole de victoire en victoire. Il les attribue toutes à Dieu, dont il se dit n'être que l'instrument. Bientôt, il est promu au rang de lieutenant général. Plus que jamais convaincu de la justice de sa cause, il rêve d'une Angleterre réformée autant dans son gouvernement que dans ses mœurs. Rigueur et austérité sont les maîtres mots du programme qu'il veut proposer pour faire des Anglais le peuple de Dieu.

En 1646, le Parlement ayant triomphé de Charles Ier, Cromwell abandonne momentanément sa fonction d'officier militaire pour se consacrer pleinement aux débats du Long Parlement, alors secoué par de profondes dissensions.

Il retrouve néanmoins ses éperons de cavalier quand Charles Ier parvient à se libérer. Le roi d'Angleterre mobilise aussitôt une nouvelle armée contre le Parlement, mais échoue dans cette ultime tentative. Emprisonné une nouvelle fois, il est condamné à mort et exécuté en 1649.

Apprécié par les gentlemen dont il fait partie et respecté par l'armée qu'il a conduite à la victoire à de nombreuses reprises, Cromwell apparaît désormais comme le leader naturel de l'Angleterre. De 1649 à 1651, il pacifie dans le feu et le sang les îles britanniques et reçoit du Long Parlement le titre de lord-protecteur en 1653. Devenu souverain incontesté de l'Angleterre, Cromwell refuse la couronne qui lui est offerte en 1657 et se maintient au pouvoir jusqu'à sa mort, en 1658.

Il est enterré à Westminster, avec tous les honneurs dus à un monarque légitime. Mais, aussitôt la dynastie des Stuarts restaurée sur le trône (1660), le corps de Cromwell est exhumé, pendu, décapité, et sa tête est placée sur une pique au-dessus de Westminster Hall pendant plusieurs décennies, avant de devenir la curiosité d'un riche collectionneur.

L'exécution d'Oliver Cromwell.

CONTEXTE

LE ROI ET LE PARLEMENT

Au début du XVIIe siècle, le royaume d'Angleterre dispose déjà d'institutions solides.

Au plus haut niveau des pouvoirs exécutif, judiciaire et législatif se trouve le roi. Néanmoins, en vertu de la Magna Carta signée en 1215 et de plusieurs siècles de tradition, celui-ci doit demander l'aval du Parlement dans la prise de certaines décisions. En particulier, il ne peut lever d'impôts supplémentaires, même en temps de guerre, sans l'accord préalable et conjoint de la Chambre des lords et de la Chambre des communes.

La Magna Carta

En 1215, le roi Jean sans Terre (1167-1216) concède à ses sujets une série de libertés fondamentales, qui sont toutes inscrites dans la Magna Carta : droit de propriété, droit de libre déplacement, droit à une justice impartiale, droit de refuser la levée abusive d'impôts, etc. Le rôle du Parlement d'Angleterre, qui est institué aux environs de 1300, consiste alors à veiller au respect de ces dispositions légales. L'institution n'est, toutefois, pas encore une assemblée permanente, comme c'est le cas aujourd'hui, mais une assemblée extraordinaire, convoquée et dissoute sur seule initiative royale.

La dynastie des Tudors (1485-1603), qui gouverne l'Angleterre avant celle des Stuarts (1603-1714), s'arrange pour ne jamais convoquer le Parlement. Henri VIII (1491-1547) et Élisabeth Ire (1533-1603) parviennent à trouver d'ingénieuses ruses pour se passer de la levée d'impôts supplémentaires en vue de soutenir leurs entreprises militaires. Henri VIII, qui convertit son pays au protestantisme en se déclarant seul chef de l'Église d'Angleterre (1535), gonfle ainsi son trésor en spoliant tous les biens du clergé régulier. Élisabeth Ire, quant à elle, ennemie jurée du roi d'Espagne Philippe II (1527-1598), promeut la piraterie d'État et protège des corsaires dont la mission est d'attaquer les lignes commerciales espagnoles en pillant leurs galions, qui transportent les précieuses denrées du Nouveau Monde, dont notamment de l'or, du sucre, du tabac et des épices.

Jacques Ier (1566-1625), qui succède à Élisabeth Ire, s'efforce toutefois de rétablir une amitié entre l'Espagne et l'Angleterre. Pour cela, il renonce à la piraterie d'État et aux gains que celle-ci engendre. Si les revenus du domaine royal lui permettent de préserver son gouvernement et ses institutions, il doit cependant compter sur la levée d'impôts supplémentaires et, donc, sur l'aval du Parlement, pour toute entreprise coûteuse. Il en sera de même pour son fils, Charles Ier. Cette situation entre néanmoins en conflit avec l'ambition des Stuarts de s'établir comme une dynastie absolue de droit divin.

Il y a Parlement… et Parlement !

Le Parlement d'Angleterre et le Parlement français d'Ancien Régime sont deux types d'institutions totalement différentes l'une de l'autre. Alors que le Parlement d'Angleterre est une assemblée représentative du peuple britannique, le Parlement français d'Ancien Régime est une cour de justice souveraine, où l'on rend la justice du roi.

Il existait cependant dans la France d'Ancien Régime une assemblée représentative comparable au Parlement britannique, à savoir les états généraux.

Tandis que le Parlement britannique était – et demeure – divisé en deux chambres (la Chambre des lords, pour la noblesse, et la Chambre des communes, pour la roture), les états généraux en France ne comptaient qu'une seule chambre, où les représentants étaient divisés en trois ordres (noblesse, clergé et tiers état).

Il y avait, aux états généraux, un nombre égal de représentants pour la noblesse, le clergé et le tiers état, sans aucun rapport proportionnel avec la composition de la population française. La représentation du peuple y était donc très inégalitaire et très favorable aux élites. En revanche, au Parlement d'Angleterre, la Chambre des communes a progressivement acquis des prérogatives, jusqu'à rendre la Chambre des lords quasiment obsolète. Cette dernière continue toutefois d'exister et constitue encore aujourd'hui la plus haute cour de justice d'Angleterre.

L'ANGLICANISME : UNE SYNTHÈSE ORIGINALE ENTRE CATHOLICISME ET CALVINISME

Le protestantisme, tel qu'il est pratiqué en Angleterre au début du XVIIe siècle, est unique en son genre. Le roi y est seul maître de l'Église depuis l'Acte de suprématie promulgué en 1535 par Henri VIII. Cette Église anglicane, dépouillée de tout monastère et de couvent, maintient le partage du territoire en diocèses, placés sous l'autorité d'évêques.

Néanmoins, depuis la Confession de Westminster promulguée sous le règne d'Élisabeth Ire en 1563, l'Église d'Angleterre est fortement influencée par la doctrine de Jean Calvin (pasteur français protestant et fondateur du calvinisme, 1509-1564). Or, celui-ci considère que chaque croyant est prêtre, en raison du principe de sacerdoce universel. Ainsi, la subordination des fidèles aux curés et des curés aux évêques constitue une aberration dans la pensée calviniste. Il s'agit néanmoins d'un élément constitutif de l'anglicanisme.

L'anglicanisme emprunte donc certains éléments au calvinisme, comme le dénuement liturgique (c'est-à-dire l'absence de toute ornementation dans les lieux de culte) et la messe en langue vulgaire (la messe catholique étant dite en latin). De plus, tous deux reconnaissent le principe de prédestination. Selon ce postulat, Dieu aurait décidé dès la Création de sauver quelques élus. L'homme ne doit par conséquent plus vivre dans la crainte d'être sauvé ou puni, son sort ayant été décidé avant sa naissance. Il est cependant supposé que l'élu se reconnaît dans la joie qu'il éprouve à travailler. Ceci, associé au fait que la doctrine calviniste permet le prêt à intérêt, a fait du calvinisme et de l'anglicanisme des religions naturellement sympathiques au capitalisme bourgeois et industriel.

L'implosion progressive de l'anglicanisme

L'anglicanisme, avec le temps, subit l'influence de différentes idéologies religieuses qui fragmente sa fragile unité. On voit ainsi apparaître de véritables partis, voire des sectes, tout autant préoccupés de questions de foi que de politique. Durant la première moitié du XVIIe siècle, arminiens et puritains s'affrontent sur l'échiquier du pouvoir.

L'arminianisme anglais diffère du courant tel qu'il est apparu aux Pays-Bas au début du XVIIe siècle. Jacob Harmensz, dit Jacobus Arminius (1560-1609), un théologien néerlandais et ministre de l'Église réformée, a en son temps questionné le principe de prédestination et conçoit, comme son compatriote Érasme (humaniste hollandais, 1469-1536) l'avait fait avant lui, que l'homme est libre ou non d'accepter la grâce de Dieu, qui est offerte à tous et non à une poignée d'élus. En Angleterre, les arminiens, qui ne regroupent qu'une minorité de clercs, souhaitent au-delà du seul débat théologique une restauration des pratiques liturgiques ornementées et réglementées, au grand scandale des puritains. Comme ils prêchent l'obéissance au roi, ceux-ci reçoivent l'appui de Charles Ier. Les dissensions entre les deux partis s'aggravent lorsqu'en 1633 l'archevêque de Canterbury, William Laud (1573-1645), lui-même gagné à l'arminianisme, organise une série de réformes que leurs opposants perçoivent très nettement comme une menace catholique.

De fait, si les arminiens tendent à renforcer l'aspect catholique de l'anglicanisme, les puritains, quant à eux, sont les ardents défenseurs de son versant calviniste. Aux yeux de ces derniers, l'adoration de Dieu doit être éprouvée à chaque moment de la vie, et non lors de moments consacrés. Ils respectent en outre une morale très rigoureuse et leurs églises sont dénuées de toute ornementation. Au début du XVIIe siècle, leur mouvement se scinde, en Angleterre, entre presbytériens et indépendants. Les premiers, souvent de riches propriétaires terriens, préconisent une Église d'État unifiée et harmonisée, tandis que les seconds, moins nombreux mais non moins influents, soutiennent que le culte rendu à Dieu doit être indépendant de toute supervision étatique.

LE RÈGNE MALADROIT DE CHARLES IER

Charles Ier, qui règne sur le royaume britannique depuis 1625, ne parvient pas à fédérer les différentes factions qui se disputent le pouvoir politique et religieux, ni à se jouer de leurs dissensions. Sa politique de favoritisme, en revanche, exacerbe les partis qui, se sentant lésés, forment une opposition et cherchent aussitôt la confrontation.

Séduit par le principe de monarchie absolue tel qu'il se met en place dans les nations catholiques de France et d'Espagne, Charles Ier favorise des réformes qui rapprochent l'anglicanisme du catholicisme romain, malgré les cris d'alarme de ses sujets puritains. Quand l'archevêque Laud entreprend ses réformes arminiennes à partir de 1633, les voix s'élèvent en Écosse. Les Écossais, majoritairement presbytériens, considèrent en effet toute formalisation de la hiérarchie ecclésiastique comme contraire à leurs valeurs, selon le principe du sacerdoce universel. En 1639, ils se révoltent donc contre l'autorité ecclésiastique et royale dans le but d'établir une Église presbytérienne d'État.

TEMPS FORTS

LA GUERRE CIVILE

Le feu aux poudres (1640-1641)

L'insurrection écossaise de 1639, en faveur du presbytérianisme et de l'abolition de toute hiérarchie ecclésiastique, contraint Charles Ier à lever une armée pour laquelle il n'a pas les fonds. Le monarque anglais convoque donc le Parlement au mois d'avril 1640. Mais, incapable de s'entendre avec celui-ci, il le dissout et conclut un accord diplomatique avec les révoltés. Le prestige de Charles Ier s'en trouve réduit, sans compter qu'il demeure toujours aussi démuni. Le 3 novembre 1640, il convoque de nouveau le Parlement. Cromwell est présent aux deux sessions.

Tandis qu'un véritable bras de fer politique oppose le roi à son Parlement, notamment au sujet de la nomination de ses ministres et de la gestion de ses institutions, une nouvelle révolte éclate en octobre 1641, cette fois en Irlande. Depuis l'avènement de la dynastie des Tudors, les Irlandais voient en effet leurs terres confisquées et redistribuées au profit des magnats britanniques. La divergence religieuse qui existe entre ce pays catholique et l'Angleterre protestante n'arrange en rien la situation.

Charles Ier envoie donc une armée régler le problème. Le Parlement réclame aussitôt le contrôle de celle-ci et, n'obtenant pas gain de cause, décide de lever ses propres troupes. Le roi est dès lors contraint d'abandonner la guerre en Irlande pour livrer bataille contre l'assemblée représentative.

Les Côtes de fer (1641-1644)

Oliver Cromwell décide d'entrer dans les rangs de l'armée parlementaire à ses propres frais. Il rassemble des puritains aussi résolument religieux que lui sur base volontaire, leur fournit des chevaux, un équipement de guerre ainsi que des arbalètes, et les soumet à la plus drastique des disciplines. Favorisant le corps-à-corps et multipliant les charges massives et compactes, ils fracassent les rangs de l'infanterie ennemie comme un marteau briserait une coquille de noix.

Intégrés dès 1643 aux contingents de l'Eastern Association sous le commandement d'Edward Montagu (1602-1671), comte de Manchester, Cromwell et ses hommes se distinguent à la bataille de Marston Moor (2 juillet 1644) durant laquelle le prince Rupert (1619-1682), le général des troupes de Charles Ier, leur attribue le surnom redoutable de « Côtes de fer ». Alors que Cromwell n'avait aucune expérience militaire, le voilà devenu l'étoile montante des officiers de l'armée parlementaire. Ulcéré par le manque de zèle du comte de Manchester, dont il suspecte des affinités royalistes, il plaide virulemment au Parlement pour sa destitution en novembre 1644.

Oliver Cromwell à la bataille de Marston Moor, vers 1877.

De l'armée du Nouveau Modèle au Parlement Croupion (1645-1649)

En 1645, afin d'assurer le départ du comte de Manchester des rangs de l'armée, Cromwell propose la loi de renonciation pour soi-même, qui interdit aux parlementaires de participer aux activités militaires. Celle-ci est acceptée et tous les officiers issus de la Chambre des lords sont destitués de leurs postes, y compris Oliver Cromwell. Cependant, son ami Thomas Fairfax (général anglais, 1612-1671) requiert aussitôt une exemption spéciale pour le gentleman puritain, dont les compétences de colonel de cavalerie sont jugées indispensables, ce qui est accordé par le Parlement. Cromwell se trouve donc dans une situation très avantageuse et singulière, puisqu'il est désormais le seul à prendre part à la fois aux débats politiques et aux prises de décisions militaires.

Avec Fairfax, il institue, la même année, l'armée du Nouveau Modèle, grâce à laquelle il remporte de nombreuses victoires, dont certaines se révèlent décisives et assurent le triomphe militaire du Long Parlement sur la monarchie anglaise.

Contrairement à ce qui avait cours par le passé, les soldats de l'armée du Nouveau Modèle ne sont plus recrutés sur base régionale, mais nationale. Ils proviennent donc des quatre coins de l'Angleterre et n'ont plus pour mission de défendre seulement leur propre région, mais de partir en campagne à travers l'ensemble du pays. Ils sont soumis à la même discipline puritaine que l'étaient les Côtes de fer et disposent du réseau de renseignement le plus performant de l'époque. Soudés par un idéal républicain, ils favorisent un modèle économique de partage des ressources. Les plus radicaux proposent, outre l'abolition de la monarchie, l'anéantissement même de toute forme d'aristocratie. On appellera ces derniers les niveleurs ou, pour les plus extrêmes d'entre eux, les bêcheurs.

Les niveleurs et les bêcheurs en détail

Les niveleurs estiment que le pouvoir institué des élites aristocratiques est une usurpation tyrannique, dont l'origine remonte à la soumission de l'Angleterre par Guillaume le Conquérant (duc de Normandie et roi d'Angleterre, 1028-1087) en 1066 – une idée qui restera tenace au sein des groupuscules politiques radicaux d'Angleterre jusqu'au XVIIIe siècle. Voilà pourquoi les niveleurs estiment qu'il faudrait partager équitablement les ressources du pays entre tous ses habitants, afin de rétablir un âge d'or perdu. Leur organisation, cependant, demeure très volatile et ses attaches dans la société civile et dans l'armée sont si lâches qu'elles cèdent devant la moindre forme de répression.

Les niveleurs comptent cependant quelques fanatiques auxquels ils refusent catégoriquement d'être assimilés : les bêcheurs. Ces derniers, rassemblés en une véritable secte, ne conçoivent pas d'autre méthode pour parvenir à leurs fins qu'une violente révolution. Certains tenteront même d'assassiner Cromwell qui, devenu lord-protecteur, leur apparaît comme un traître aux idéaux ayant justifié la guerre civile contre le roi. Dans leur logique, Cromwell devenu souverain ne vaut pas mieux que le monarque qu'il remplace. Les bêcheurs s'établissent en petites communautés agricoles autonomes ci et là en Angleterre. Celles-ci seront sévèrement réprimées, jusqu'à leur éradication complète en 1650.

Sur le moyen court terme, toutefois, la loi de renonciation pour soi-même et l'institution de l'armée du Nouveau Modèle auront pour effet de scinder le Parlement et l'armée en deux corps politiques rivaux. À l'assemblée, où les presbytériens siègent en majorité, l'idéologie est toute autre que celle partagée par les soldats républicains. Les presbytériens, principalement issus de la *gentry*, s'opposent farouchement à l'abolition du droit de propriété. Ils proposent d'ailleurs, une fois Charles Ier capturé après la bataille de Naseby (14 juin 1645), que l'armée soit démobilisée sans que les arriérés de solde ne soient remboursés. Cromwell se trouve désormais contraint de gérer un conflit de factions qui menace l'unité du mouvement révolutionnaire.

Il décide donc de persécuter les bêcheurs et de réprimer les niveleurs, nettoyant son armée de ses éléments les plus dangereux. En parallèle, il organise une grande épuration du Parlement, en décembre 1648, afin que celui-ci soit plus sympathique, voire soumis, aux exigences de l'armée. Cette élimination est d'ailleurs réalisée à la demande de cette dernière et ne repose sur aucune base légale.

La fin de la guerre civile (1649)

En 1645, Charles Ier est capturé après sa défaite à Naseby contre l'armée du Nouveau Modèle. Il s'échappe cependant en 1647 et trouve refuge sur l'île de Wight, d'où il parvient à mobiliser une armée écossaise. Celle-ci est écrasée par Cromwell à Preston, en 1648. Ramené à Londres de force, son évasion est considérée comme une trahison envers le peuple anglais, et le Parlement le condamne à la peine de mort. Si Cromwell a longtemps pensé que le pouvoir monarchique était indispensable en Angleterre, la fuite de Charles Ier vient ébranler son opinion. Il plaide donc lui aussi pour la peine capitale, et Charles Ier est décapité le 27 janvier 1649 à Whitehall. La dynastie des Stuarts est ainsi destituée du trône et la monarchie abolie. Cromwell devient le premier homme d'Angleterre et, bientôt, il en sera le souverain plein et entier.

LE COMMONWEALTH ET LE PROTECTORAT

Vers la légitimation du pouvoir (1649-1659)

Durant le Commonwealth (1649-1653) et le Protectorat (1653-1659), Cromwell tente vainement de légitimer son pouvoir par des voies légales. L'Angleterre demeure toutefois une junte militaire à l'administration redoutable, soudée par un puritanisme intransigeant. Le Parlement traverse de multiples vicissitudes et ne parvient guère à s'établir comme une réelle force politique. Il est cadenassé, soumis à différentes purges et parfaitement contrôlé par Cromwell qui en écarte tous ses opposants. Son pouvoir, ce dernier le tire de son charisme à la fois militaire et religieux ainsi que du caractère mystique de sa personne.

De 1650 à 1658, l'Angleterre n'est rien de moins qu'une tyrannie bien déguisée. L'essentiel du pouvoir est exercé par le Conseil d'État, où siègent 41 hommes incorruptibles. Tous sont sympathisants de la dictature de Cromwell. Ils se montrent aussi efficaces que le Parlement s'avère impuissant dans la gestion des affaires du Gouvernement.

Les militaires tiennent également le haut du pavé dans cet État anglais constamment en guerre avec ses voisins. Les structures politiques du Commonwealth s'avérant caduques, les généraux de Cromwell rédigent en 1653 l'Instrument de Gouvernement. Ce premier texte constitutionnel de l'histoire occidentale accorde au *gentleman* puritain le titre de lord-protecteur, lui octroyant le statut de souverain d'Angleterre.

Avec l'inauguration du Protectorat, un nouveau Parlement est assemblé. Celui-ci tente de réviser les différents points de l'Instrument de Gouvernement, au grand déplaisir de Cromwell qui en somme la dissolution. Assemblé une seconde fois en 1657, le Parlement révise à nouveau le texte constitutionnel, mais tente cette fois de flatter le lord-protecteur. Ce n'est ni plus ni moins que la couronne qui lui est proposée par l'Humble Pétition et Conseil. Prudent, Cromwell la décline, mais concède d'autres points. Il accepte notamment la restauration d'un système bicaméral pour le Parlement, la Chambre des lords ayant en effet été abolie depuis l'instauration du Commonwealth. Celle-ci est désormais remplacée par une Chambre haute.

Oliver Cromwell dissout le Parlement.

La pacification brutale de l'Irlande et de l'Écosse (1649-1652)

Peu après l'instauration du Commonwealth et l'abolition de la monarchie, Cromwell est envoyé par le Parlement en Irlande afin de régler la situation anarchique qui y règne depuis l'insurrection de 1641. Le 11 septembre 1649, il conquiert Drogheda, siège du foyer de la résistance. La garnison de la ville ayant refusé de se rendre alors même qu'elle n'avait pas les moyens de l'emporter, Cromwell ordonne le passage à l'épée de toute la population, respectant ainsi, selon ses mots, la volonté de Dieu.

L'Irlande pacifiée au prix du sang, il entreprend ensuite la conquête de l'Écosse, qui a choisi de reconnaître Charles II (1630-1685) au lieu de se ranger du côté des révolutionnaires du Commonwealth. Coup sur coup, Cromwell triomphe des armées écossaises les 3 septembre 1650 et 1651, la première fois à Dunbar, la seconde à Worcester. En définitive, l'Irlande et l'Écosse sont intégrées au nouveau régime et la paix civile est garantie jusqu'à la mort du lord-protecteur. Aucune faction n'ose plus prendre les armes, l'armée du Nouveau Modèle et les Côtes de fer ont trop bien fait leurs preuves.

Cromwell à la bataille de Dunbar, tableau d'Andrew Carrick Gow, 1886.

L'Empire britannique triomphant (1652-1657)

Une fois les îles britanniques unifiées sous la houlette de Cromwell, l'Angleterre peut enfin tourner son attention sur la scène internationale et surveiller ses intérêts. Cromwell, qui rêve d'une grande union des nations protestantes, restera néanmoins contrarié quant à ce projet.

Idéaliste, peut-être, mais pragmatique avant tout, il fait entrer l'Angleterre en conflit avec les Provinces-Unies (Pays-Bas actuels) pour des raisons impérialistes et économiques. Il se méfie également de la Suède qui demeure la chef de file traditionnelle des nations protestantes sur le Vieux Continent. En définitive, c'est avec les puissances catholiques que Cromwell parvient à conclure de véritables accords diplomatiques. Après avoir tenté d'établir de bonnes relations avec l'Espagne, il contracte une alliance militaire avec la France au détriment de cette première et assure la conquête de Dunkerque.

La guerre anglo-néerlandaise (1652-1654)

Alors que l'Angleterre s'embourbait dans ses querelles intestines, les Provinces-Unies en ont profité pour faire prospérer leur commerce maritime. Cette petite nation calviniste, à peine affranchie de la mainmise espagnole, est désormais l'un des leaders mondiaux du commerce outre-mer. La marine néerlandaise sillonne le monde entier et sa Compagnie des Indes orientales engrange des profits pharaoniques.

Mais Cromwell voit d'un mauvais œil le fait que ses voisins d'outre-Manche négocient librement avec les colonies anglaises d'Amérique, parce que cela vient déranger ses ambitions impérialistes. Une guerre maritime violente s'ensuit, que les Anglais finissent par emporter en 1654 : le monopole commercial de l'Angleterre sur ses colonies nord-américaines est désormais assuré. Toutefois, le marché des colonies espagnoles sud-américaines demeure toujours fermé.

Les conquêtes de la Jamaïque (1654) et de Dunkerque (1657)

Pour que son hégémonie soit totale, l'Angleterre doit se mesurer à la France et à l'Espagne, ses deux rivales qui sont elles-mêmes en guerre l'une contre l'autre. Comme la première refuse de reconnaître la légitimité du Commonwealth, Cromwell préfère sceller une alliance avec la seconde. Il joue donc contre la nation du jeune Louis XIV (1638-1715), dont le Gouvernement est dirigé par le cardinal de Mazarin (1602-1661), continuateur de l'œuvre politique de Richelieu (1585-1642). Cependant, lors des pourparlers, l'Espagne refuse catégoriquement de permettre à l'Angleterre de commercer avec ses colonies sud-américaines. Cromwell, fort de sa victoire sur les Provinces-Unies, procède à l'invasion de l'Hispaniola (île actuelle d'Haïti et de la République dominicaine, dans les Caraïbes). Cette incursion échoue, mais, en 1654, les Anglais parviennent toutefois à s'emparer de la Jamaïque et à s'établir un solide avant-poste dans les Caraïbes.

Mazarin, impressionné par la politique agressive de Cromwell, décide de s'allier militairement à lui contre l'Espagne. De plus, l'un et l'autre acceptent de n'apporter aucune aide à leurs rebelles respectifs. Par voie de conséquence, Charles II est chassé de France où il s'était réfugié.

L'Angleterre et la France lèvent une armée coalisée pour attaquer les Pays-Bas espagnols et assiègent Dunkerque. La cité portuaire de la Manche est prise le 25 juin 1658 et donnée aux Anglais. Il s'agit de l'ultime triomphe d'Oliver Cromwell, qui décède quelque mois plus tard, au mois de septembre.

RÉPERCUSSIONS

LA CONSOLIDATION DES FONDATIONS DE L'EMPIRE COLONIAL BRITANNIQUE

Durant les règnes de Jacques Ier et de Charles Ier, l'Angleterre en tant qu'empire colonial a connu une certaine récession. La volonté des premiers Stuarts d'éviter tout conflit trop dispendieux avec l'Espagne, outre leur manque de compétitivité par rapport aux Provinces-Unies, a sévèrement réduit le potentiel maritime du royaume qui avait été soulevé par Élisabeth Ire.

C'est Oliver Cromwell qui rétablit pleinement le prestige naval de l'Angleterre au point d'en faire la première puissance maritime de l'Occident. Malgré les exploits terrestres de l'armée du Nouveau Modèle, c'est à travers ses flottes que l'Angleterre s'impose sur la scène internationale. Si elle n'a pas encore le pied en Inde, elle consolide tout de même ses positions dans l'Atlantique par la conquête de la Jamaïque, ainsi qu'en assurant le monopole économique sur ses colonies américaines. Ce faisant, elle renforce les fondations de son futur et redoutable empire colonial. L'Angleterre devient ainsi pleinement une nation maritime et l'impulsion donnée par le gouvernement de Cromwell ne sera pas contrariée par la restauration des Stuarts sur le trône.

LA RESTAURATION DE LA MONARCHIE TRADITIONNELLE

Le Protectorat ne survit pas longtemps à la mort de Cromwell. Son fils, Richard (1626-1712), qui lui succède, n'a pas son charisme. Il ne compte aucune victoire militaire à son actif et les généraux se méfient de lui et plus encore de l'influence des fonctionnaires civils sur sa personne. Quelques mois à peine après sa prise de pouvoir, il est destitué par un coup d'État, mené par ses généraux qui se livrent la guerre les uns contre les autres.

Charles II, alors à l'étranger, profite de l'occasion pour réclamer son trône. D'anciens généraux d'Oliver Cromwell, décidés à rétablir la légalité et l'ordre en Angleterre, choisissent de soutenir sa cause. Ces derniers réinstaurent le Long Parlement en février 1660, tel qu'il était constitué avant sa purge par Cromwell. Peu de temps après, l'assemblée vote sa propre dissolution et fait appel à des élections libres. Au mois d'avril, un Parlement conventionnel (c'est-à-dire un Parlement qui n'a pas été convoqué par un souverain) est constitué et, le 8 mai, ce dernier reconnaît Charles II comme monarque légitime du royaume d'Angleterre. La nation britannique, encore traumatisée par le souvenir douloureux de la guerre civile, accueille la restauration avec liesse.

La majeure partie des réformes législatives menées par Cromwell sont abolies. De plus, sa politique rigoureuse des mœurs est jetée aux orties : théâtres, jeux de hasard, prostitution, tous les anciens vices et plaisirs sont rétablis.

QUEL HÉRITAGE OLIVER CROMWELL A-T-IL LAISSÉ ?

En termes de programme, le gouvernement de Cromwell fut un échec. Alors qu'il aspirait à une réforme profonde des mœurs et souhaitait faire des Anglais le peuple de Dieu, le puritanisme ne parvient pas à s'ancrer dans le cœur du peuple. De même, le lord-protecteur qui rêvait d'unifier les nations protestantes voit le contraire se produire. La Suède, déjà chef de file des nations protestantes, a ainsi obstinément refusé de calquer ses prises de décision sur la politique anglaise. Les Provinces-Unies ont, de leur côté, préféré déclarer la guerre aux ambitions impérialistes de Londres. Cromwell n'eut donc pas d'autre choix que d'entrer en conflit avec celles-ci, au prix de la sainte unité qu'il espérait.

Néanmoins, en termes de résultat, son pouvoir fait encore de l'ombre aux autres règnes les plus efficaces de l'histoire. Alors que l'Angleterre, l'Irlande et l'Écosse s'empêtraient dans des querelles de factions interminables, Cromwell est parvenu à restaurer la paix, l'ordre public et l'unité. Certes, il usa de la force pour y parvenir, mais est-il le seul à l'avoir fait ?

Ce faisant, le lord-protecteur a institué une armée de terre presque invincible et a restauré le prestige de la marine anglaise en triomphant sans merci des flottes néerlandaises. Il a ainsi contribué à tourner les armes de l'Angleterre vers l'extérieur et a assuré la conquête de la

Jamaïque, ainsi que celle de Dunkerque. En fin stratège et politique, il s'est joué des différends entre l'Espagne et la France pour donner à son pays un rôle de leader international. Véritable point noir au tableau, toutefois, son gouvernement s'apparenta davantage à une junte militaire qu'à un État de droit. Il n'en reste pas moins un personnage extrêmement intéressant qui fera encore parler de lui de longues années durant.

EN RÉSUMÉ

1599
25 avril : Naissance de Cromwell

1628
Cromwell est élu au Parlement

1639
Insurrection écossaise

1640
13 avril : Charles Ier convoque le Parlement
Il le dissout quelques mois plus tard

1641
Oct. : L'Irlande se révolte

1644
2 juill. : Cromwell et ses hommes se distinguent à la bataille de Marston Moor

1645
La loi de renonciation pour soi-même est acceptée
L'armée du Nouveau Modèle est instituée
14 juin : Charles Ier est capturé au cours de la bataille de Naseby

1647
Charles Ier s'enfuit

1648
Déc. : **Cromwell organise l'épuration du Parlement**

1649
27 janv. : Charles Ier est exécuté
L'Irlande est pacifiée

1650-1653
Période du Commonwealth

1652
L'Écosse est pacifiée

1653
Cromwell est fait lord-protecteur par le Parlement

1653-1658
Période du Protectorat

1657
Cromwell refuse la couronne d'Angleterre

1658
3 sept. : Décès de Cromwell

1660
Févr. : Le Long Parlement est réinstauré
8 mai : Le Parlement conventionnel reconnaît Charles II comme souverain légitime

- En 1640, Charles Ier convoque le Parlement afin d'obtenir des fonds pour lever une armée contre l'Écosse. Mais celui-ci refuse de les lui accorder sans obtenir en échange une série de révisions gouvernementales. Jugeant celles-ci inacceptables, le roi traite directement avec les Écossais pour restaurer l'ordre.
- Alors que la situation se calme en Écosse, une autre insurrection survient en Irlande. Dépité, Charles Ier convoque à nouveau le Parlement.
- Alors que le roi envoie une armée résoudre l'insurrection irlandaise, le Parlement vote la levée de sa propre armée et refuse de se dissoudre. Ceci marque le début de la guerre civile anglaise : Charles Ier est forcé de quitter Londres.
- Oliver Cromwell, membre du Parlement, recrute à ses frais un régiment de cavaliers pour l'armée parlementaire. Il instaure très vite une discipline intransigeante dans les rangs de ses propres troupes. De plus, il ne distingue ses hommes qu'en fonction de leur mérite réel, sans regard pour leur confession religieuse (ils sont tous néanmoins protestants).
- Convaincu d'accomplir la volonté de Dieu, Cromwell n'apprécie guère d'être freiné par

des supérieurs hiérarchiques moins zélés que lui, tels que le comte de Manchester. En 1644, il le critique ouvertement devant la Chambre des communes et fait passer la loi de renonciation pour soi-même afin d'éliminer les lords de l'armée. Cromwell, qui aurait dû être concerné par celle-ci, se voit toutefois dispensé de cette interdiction.

- En parallèle, il participe activement à la fondation de l'armée du Nouveau Modèle qui permet aux parlementaires de remporter une première victoire sur le roi à Naseby en 1645.
- Le Parlement et l'armée forment rapidement deux entités politiques rivales qui entrent en désaccord quant à la gestion de la révolution. Le Parlement propose en effet de dissoudre l'armée du Nouveau Modèle, ce que ne peut accepter Cromwell qui purge le Parlement de ses opposants.
- Entre-temps, Charles Ier s'est évadé et a levé une nouvelle armée en Écosse pour soutenir sa cause. Mais Cromwell en vient à bout. Capturé et condamné pour trahison, Charles Ier est exécuté en 1649. Son héritier, Charles II, se voit refuser l'accès au trône et le royaume d'Angleterre s'établit en république du

Commonwealth en 1650. Le Commonwealth cédera vite la place au Protectorat (1653) : Cromwell devient alors le véritable souverain des îles britanniques.

- De 1649 à 1652, il pacifie militairement l'Irlande et l'Écosse.
- Les îles britanniques rentrées dans l'ordre, l'Angleterre entre en guerre contre les Provinces-Unies afin d'assurer le monopole commercial avec ses colonies d'Amérique. La guerre navale fait rage entre les deux nations protestantes de 1652 à 1654.
- L'Espagne refusant à l'Angleterre le droit de commercer avec ses colonies sud-américaines, Cromwell décide d'envahir l'Hispaniola. Si l'île résiste à l'assaut britannique, la Jamaïque est capturée en 1654. Ce succès améliore les relations diplomatiques avec la France, alors en guerre contre l'Espagne, et les deux nations s'associent. Cette alliance militaire aboutit avec la conquête de Dunkerque, en 1657.
- La même année, le second Parlement du Protectorat propose une révision du texte constitutionnel à la base du régime par l'Humble pétition et Conseil. Cromwell se voit ainsi proposer la couronne royale, qu'il refuse.

Il accepte toutefois de réinstaurer un système bicaméral dans le Parlement.

- En 1658, Cromwell décède. Son fils, Richard, lui succède, mais se voit rapidement dépassé par les anciens officiers de son père. Certains d'entre eux rappellent Charles II pour éviter que le pays ne sombre dans le chaos. Dès son intronisation, celui-ci abolit toutes les mesures prises par le lord-protecteur. La monarchie parlementaire est intégralement restaurée et le nom de Cromwell sali par la propagande royaliste.

Votre avis nous intéresse !
Laissez un commentaire sur le site de votre librairie en ligne et partagez vos coups de cœur sur les réseaux sociaux !

POUR ALLER PLUS LOIN

SOURCES BIBLIOGRAPHIQUES

- ABBOTT (Wilbur Cortez), *The Writings and Speeches of Oliver Cromwell*, Harvard, Harvard University Press, 1937-1947.
- ASHLEY (Maurice), *Oliver Cromwell and His World*, Londres, Thames & Hudson, 1972.
- « British Civil Wars, Commonwealth and Protectorate (1638-1660) », in *BCW Project*, consulté en février 2015. http://bcw-project.org/
- BROWN (P. Hume), *A Short History of Scotland*, Londres, Oliver & Boyd, 1962.
- COTTRET (Bernard), *Cromwell*, Paris, Fayard, 1992.
- COWARD (Barry), *Oliver Cromwell*, Londres, Longman, coll. « Profiles in Power », 1991.
- DAVIES (Godfrey), *The Oxford History of England. The Early Stuarts*, tome 9, Oxford, Clarendon Press, 1959.
- DAVIES (John), *A History of Wales*, Londres/New York, Penguin Press, 1993.
- FIRTH (Charles), *Oliver Cromwell and the Rule of the Puritans*, Londres, Putnam's Sons, 1900.

- FIRTH (Charles), *Cromwell's Army*, Londres, Paperback, 1902.
- FIRTH (Charles), *The Last Years of the Protectorate*, Londres, Longmans, 1909.
- GARDINER (Samuel Rawson), *History of England from the Accession of King James I to the Outbreak of the Civil War*, Londres/New York, Longmans-Green, 1882.
- GUY (John) et MORILL (John), *The Oxford History of Britain. The Tudors and Stuarts*, tome 3, Oxford/New York, Oxford University Press, 1992.
- HIRST (Derek), *Authority and Conflict : England 1603-1658*, Harvard, Harvard University Press, 1986.
- MOODY (T. W.), MARTIN (F. X.) et BYRNE (F. J.), *A New History of Ireland. Early Modern Ireland (1534-1691)*, tome 3, Oxford, Clarendon Press, 1978.
- MORGAN (Kenneth O.), *The Oxford Illustrated History of Britain*, Oxford-New York, Oxford University Press, 1984.
- MORRILL (John), *Oliver Cromwell and the English Revolution*, New York, Longmans, 1990.
- MORRILL (John), *Revolution and Restoration : England in the 1650*, Londres, Collins & Brown, 1992.
- NEWMAN (Peter R.), *Companion to the English Civil Wars*, Londres, Facts on File, 1990.

- Reid (Stuart), *Dunbar 1650 : Cromwell's Most Famous Victory*, Oxford, Osprey, 2004.
- Stevenson (David), *The Scottish Revolution 1637-1644: the Triumph of the Covenanters*, Edimbourg, John Donald, 2003.
- Wheeler (James Scott), *Cromwell in Ireland*, New York, St Martin's Press, 1999.
- Woolrych (Austin), *Commonwealth and Protectorate*, Londres, Phoenix Press, 2000.
- Worden (Blair), *The Rump Parliament*, Cambridge, Cambridge University Press, 1977.

SOURCES COMPLÉMENTAIRES

- Barratt (John), *Cromwell's Wars at Sea*, Barnsley, Pen & Sword, 2006.
- Braddick (Michael), *God's Fury, England's Fire: A New History of the English Civil Wars*, Londres, Allen Lane, 2008.
- Bradstock (Andrew), *Radical Religion in Cromwell's England*, Londres, I.B. Tauris, 2011.
- Davies (Godfrey), *The Restoration of Charles II. 1658-1660*, San Marino, Huntingdon Library, 1955.
- Edwards (Graham), *The Last Days of Charles I*, Stroud, Sutton Publishing, 1999.
- Gregg (Pauline), *King Charles I*, Berkeley, University of California Press, 1984.

- Hoile (David), *The Levellers: Libertarian Radicalism and the English Civil War*, Londres, The Libertarian Alliance, 1992.
- Hutton (Ronald), *Charles II, King of England, Scotland and Ireland*, Oxford, Oxford University Press, 1989.

SOURCES ICONOGRAPHIQUES

- Portrait d'Oliver Cromwell. La photo reproduite est réputée libre de droits.
- L'exécution d'Oliver Cromwell. La photo reproduite est réputée libre de droits.
- Oliver Cromwell à la bataille de Marston Moor, vers 1877. La photo reproduite est réputée libre de droits.
- Oliver Cromwell dissout le Parlement. La photo reproduite est réputée libre de droits.
- *Cromwell à la bataille de Dunbar*, tableau d'Andrew Carrick Gow, 1886. La photo reproduite est réputée libre de droits

FILM

- *Cromwell*, film de Ken Hughes, avec Richard Harriss, Alec Guiness et Timothy Dalton, Royaume-Uni, 1970.

LITTÉRATURE

- BALZAC (Honoré de), *Cromwell*, 1820.
- SCOTT (Walter), *Woodstock*, 1826.
- HUGO (Victor), *Cromwell*, 1827.
- DUMAS (Alexandre), *Vingt ans après*, 1845.

BÂTIMENTS COMMÉMORATIFS

- Le Cromwell Museum à Huntingdon (Royaume-Uni).
- La statue de Cromwell par Hamo Thornycroft, à Westminster, Londres.

Votre avis nous intéresse !
Laissez un commentaire sur le site de votre librairie en ligne et partagez vos coups de cœur sur les réseaux sociaux !

L'éditeur veille à la fiabilité des informations publiées, lesquelles ne pourraient toutefois engager sa responsabilité.

www.50minutes.fr

ISBN ebook : 978-2-8062-6648-4
ISBN papier : 978-2-8062-6649-1
Dépôt légal : D/2015/12603/279
Photo de couverture : *Olivier Cromwell*, portrait de 1656 par Samuel Cooper © National Portrait Gallet / L'image reproduite est réputée libre de droits

Conception numérique : Primento,
le partenaire numérique des éditeurs